MONSEIGNEUR SOLA

ÉVÊQUE DE NICE

ET

MONSIEUR LE CHANOINE MARI

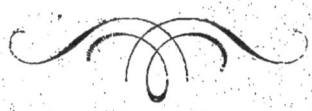

NICE,
SOCIÉTÉ TYPOGRAPHIQUE, IMPRIMERIE, LITHOGRAPHIE & LIBRAIRIE A. GILLETTA
Rue de la Préfecture, 9, et rue des Ponchettes, 17 et 15.

1875

MONSEIGNEUR SOLA

ÉVÊQUE DE NICE

ET

MONSIEUR LE CHANOINE MARI

NICE,
SOCIÉTÉ TYPOGRAPHIQUE, IMPRIMERIE, LITHOGRAPHIE & LIBRAIRIE A. GILLETTA
Rue de la Préfecture, 9, et rue des Ponchettes, 17 et 15.

1875

MONSEIGNEUR SOLA

ÉVÊQUE DE NICE

ET

MONSIEUR LE CHANOINE MARI

On a ébruité, dans cette ville :

1° Que le chanoine Mari a dernièrement dénoncé Monseigneur Sola, évêque du Diocèse, près le ministère des cultes à Paris, et près Son Eminence le cardinal Antonelli, à Rome.

2° Que le chanoine Mari, se serait déterminé à dénoncer son évêque, parce que Monseigneur lui aurait refusé la place de Vicaire-Général, rétribuée par le Gouvernement, à l'époque du décès de M. l'abbé Sclaverani, qui en était le titulaire.

Le chanoine Mari, repousse une telle supposition qui est complètement fausse, et d'autant plus outrageante, parce que évidemment dirigée à le faire croire capable de méconnaître ses devoirs les plus sacrés d'honnête homme, et d'ecclésiastique.

Il défie l'inconnu, auteur de la diffamation, à donner son nom, et sa perfidie sera démasquée.

Le chanoine Mari, a atteint la 70ᵉ année de sa vie ; à cet âge, l'homme sensé remercie la Providence de lui avoir ménagé un intervalle, entre la vie et la mort, pour se préparer à paraître devant Dieu, et il se trouve à même de connaître à fond la futilité et les dangers des positions élevées.

La conduite du chanoine Mari, durant un service de 40 ans environ, dans la pénible carrière de cure d'âmes, est attestée par les lettres et le certificat qui font partie de ce mémoire.

C'est malgré lui, que l'abbé Mari est chanoine ; il n'accepta ce titre que pour faire acte de soumission à la volonté de son évêque, et il ne le conserverait plus aujourd'hui si Monseigneur avait accepté sa démission.

Après le décès de M. l'abbé Spitalieri de Cesole, chanoine titulaire de l'Eglise Cathédrale, décédé le 28 mars 1864, Monseigneur Sola adressa, à M. le chanoine Mari, la lettre suivante :

« *Nice, le 7 Juillet* 1864.

« Monsieur le Curé,

« Je désirai, depuis longtemps, d'avoir l'occasion favorable de
« vous donner un témoignage de mon estime et de mon affection,
« et de vous récompenser, en même temps, de vos longs et honora-
« bles services dans la charge de curé, dans ce diocèse. Cette occa-
« sion se présente enfin, et je la saisis avec plaisir.

« Après m'être assuré de l'agrément du gouvernement, je suis
« heureux de pouvoir vous offrir une place de chanoine, dans le
« Chapitre de ma Cathédrale. Je pense que ce poste peut vous
« convenir, mais si parfois vous préférez, pour le moment, de con-
« tinuer dans la carrière que vous avez si noblement parcourue
« jusqu'à présent, je vous laisse complètement libre.

« Veuillez me faire une réponse pour ma conduite, et agréez
« les sentiments de la considération bien-distinguée de votre très-
« affectionné,

« Signé : † Jean-Pierre SOLA. »

A M. l'avocat Mari Casimir,
curé du Port.

Le chanoine Mari remercia Sa Grandeur, et resta à son poste.

Le 5 juillet 1865, décéda M. le chanoine Baraja, titulaire d'une des trois prébendes chanoniales, fondées par feu M. le comte de Ste-Agathe ; Monseigneur offrit le titre vacant au chanoine Mari, qui le refusa, décidé qu'il était à ne point se séparer de ses bons paroissiens du Port, auxquels était profondément attaché par de souvenirs bien chers, cimentés par des malheurs communs, bien connus à Nice.

Monseigneur revint à la charge ; aux instances réitérées de Sa Grandeur, se joignirent les sollicitations de Monsieur l'abbé Sclaverani, Vicaire-Général, et de Monsieur le chanoine Arnulf, amis intimes du chanoine Mari, et celui-ci se décida à faire le sacrifice de ses plus chères affections, à la volonté bien connue de son vénérable supérieur, et accepta le canonicat.

Plusieurs questions sur les droits du Chapitre et de l'Evêque avaient été, à cette époque, soumises au jugement suprême de Sa Sainteté, et se discutaient par devant la Sacrée Congrégation du Concile siégeant à Rome.

Le chanoine Mari, entré dans le Chapitre, prit connaissance des affaires en cours et n e pouvant pas partager l'opinion de quelques adversaires de l'autorité épiscopale, s'opposa à leurs prétentions. Cette conduite lui procura de biens graves désagréments. Il possède, à cet égard, un dossier dont il en fera une publication à part, après avoir demandé et obtenu la permission de Sa Grandeur.

Le 9 août 1868, décéda dans son pays natal, en Piémont, M. l'abbé Sclaverani, Vicaire-Général du Diocèse. Cette mort prématurée, enleva à l'évêque son plus puissant appui, et au chanoine Mari, un ami constant, clairvoyant et très-savant.

Quand Monseigneur, reçut cette triste nouvelle, fit appeler le chanoine Mari à sa résidence de la villa Ste-Agathe, et lui offrit le poste vacant de Vicaire-Général. Le chanoine Mari lui déclara, verbalement et par écrit, qu'il n'accepterait jamais une position officielle, mais qu'il mettait à la disposition de Sa Grandeur, ses petits moyens intellectuels, avec la condition cependant qu'il ne serait jamais question de rétribution pécuniaire.

Le 25 du même mois, cessa de vivre M. l'abbé Mignon, titulaire d'un des canonicats rétribués par le Gouvernement ; Monseigneur proposa le titre vacant au chanoine Mari, en l'assurant que s'il l'acceptait, lui aurait obtenu du Gouvernement, une distinction honorifique. Il remercia par une lettre, Sa Grandeur, de l'offre que lui avait faite, en lui déclarant qu'il ne pouvait pas l'accepter. Monseigneur lui conféra, peu de temps après, le titre de Vicaire-Général honoraire, titre simplement honorifique, qui ne peut ombrager personne, et sans influence dans l'administration diocésaine, à laquelle le chanoine Mari a toujours été complètement étranger.

Fatigué et détraqué de l'opposition déloyale que lui faisaient, à Rome, les adversaires de l'autorité épiscopale, il donna verbalement et par écrit à Monseigneur, sa démission du titre de chanoine, et du titre de Vicaire-Général honoraire, dans le seul but d'entrer dans une vie privée et tranquille.

Sa Grandeur, lui adressa alors la lettre suivante :

« *Nice, le* 16 *Novembre* 1869.

« Monsieur le Chanoine,

« Je regrette vivement de vous voir persister dans l'idée de
« quitter le poste de chanoine de ma cathédrale, auquel je vous
« avais appelé, dans le but de vous assurer un repos honorable,
« après un service de 40 ans environ, dans la pénible carrière de
« cure d'âmes, que vous avez parcourue avec un zèle infatigable.

« Je n'oublierai jamais les sentiments de loyauté et de fermeté
« que vous avez déployés, quand il fut question de défendre les
« droits de mon autorité épiscopale, et de l'honneur de ma per-
« sonne, injustement attaqués.

« Les droits que vous avez acquis à mon affection, et à ma reco-
« naissance bien sincère, m'ont engagé à vous donner une marque
« de ces sentiments, en vous conférant le titre de Vicaire-Général
« honoraire.

« *Ayant appris, par les lettres que vous m'avez écrites après la mort*
« *de Monsieur l'abbé Sclaverani, dont la mémoire nous est toujours*
« *bien chère, que vous n'aviez aucune intention d'accepter aucune*
« *position officielle, je n'avais pas autre titre en mon pouvoir.* Par
« conséquent, les bruits répandus ensuite par quelque malveil-
« lant, n'ont pu porter atteinte à votre réputation si favorable-
« ment établie dans cette ville, et dans le Diocèse.

« Je vous exhorte encore à réfléchir, qu'étant nous chrétiens,

« nous devons souffrir les contrariétés, et les humiliations, pour
« l'amour et pour l'imitation de celui qui a tant souffert pour
« notre salut éternel.

« J'espère que vous ne reviendrez plus sur un malheureux projet
« que je ne puis approuver en aucune manière; soyez persuadé
« que votre évêque vous aime en père, et a pour vous la plus
« sincère estime. Ecartez, de votre esprit, toute idée contraire,
« qu'un mal entendu ait put produire en vous à cet égard.

« Veuillez, mon cher chanoine, agréer l'expression de mes
« sentiments bien distingués, et très-dévoués.

« Signé : † JEAN-PIERRE, Evêque. »

Les deux lettres autographes de Monseigneur Sola, qui précèdent, et le certificat de la Mairie, inséré ci-après, sont à la disposition de ceux qui désirent en prendre connaissance, chez Monsieur le chanoine Mari, rue Saint-Vincent, 8, au troisième étage.

Le seul but du chanoine Mari, en publiant ce mémoire, c'est de mettre en sûreté son honneur et sa réputation, injustement attaqués ; et de faire disparaître toute impression défavorable qu'une supposition complètement fausse, aurait pu produire dans l'opinion publique, et notamment sur l'esprit de son vénérable évêque.

Il se fait gloire d'avoir été le défenseur de l'autorité et de l'honneur de Monseigneur Sola, à Nice et à Rome. — La défense, fut loyale, ferme, gratuite, consciencieuse, et commença par l'adresse du Clergé du Diocèse à Monseigneur Sola, en janvier 1864, dont il en fut le rédacteur et le promoteur.

Il n'a jamais été un ambitieux mercenaire, comme on voudrait le supposer.

Telle fut encore sa conduite, envers feu Monseigneur Galvano, et à cet égard, on conserve à Nice le souvenir des épisodes intéressants du journal *La Sentinelle Catholique*, dont l'avocat Mari, curé du Port, fut durant plusieurs années le directeur et le rédacteur.

Certificat de la Mairie de Nice :

MAIRIE DE NICE
(Alpes-Maritimes)
—

Nous, Maire de la ville de Nice, officier de la Légion d'Honneur, etc.

Certifions et attestons, que Monsieur l'abbé Mari Casimir, docteur en droit, chanoine titulaire de l'église cathédrale de ce diocèse, a, durant trente-cinq ans environ, rempli la charge de curé de la paroisse du Port, de cette ville, et qu'il a su constamment mériter l'estime, et l'affection des habitants de la paroisse, et des autorités maritimes du Port. Aussi, en quittant la cure pour entrer, ces jours derniers, en possession de son canonicat, il a emporté avec lui les regrets de ses paroissiens.

C'est un plaisir pour Nous, d'être en cette circonstance, l'interprète de l'opinion publique, à l'égard de ce respectable ecclésiastique, dont la conduite a toujours été parfaite, et le dévouement aux devoirs de son ministère, admirable.

Nous avons eu sous les yeux, les certificats que possède Monsieur Mari, et qui constatent sa courageuse conduite pendant les différentes invasions épidémiques, et notamment celle de 1835, et nous attestons que d'après les souvenirs qui en sont restés, et les renseignements que nous avons recueillis, ces certificats, sont l'expression de l'exacte vérité.

Fait à Nice, le 3 Mars 1866.

Le Maire,
Signé : MALAUSSENA.

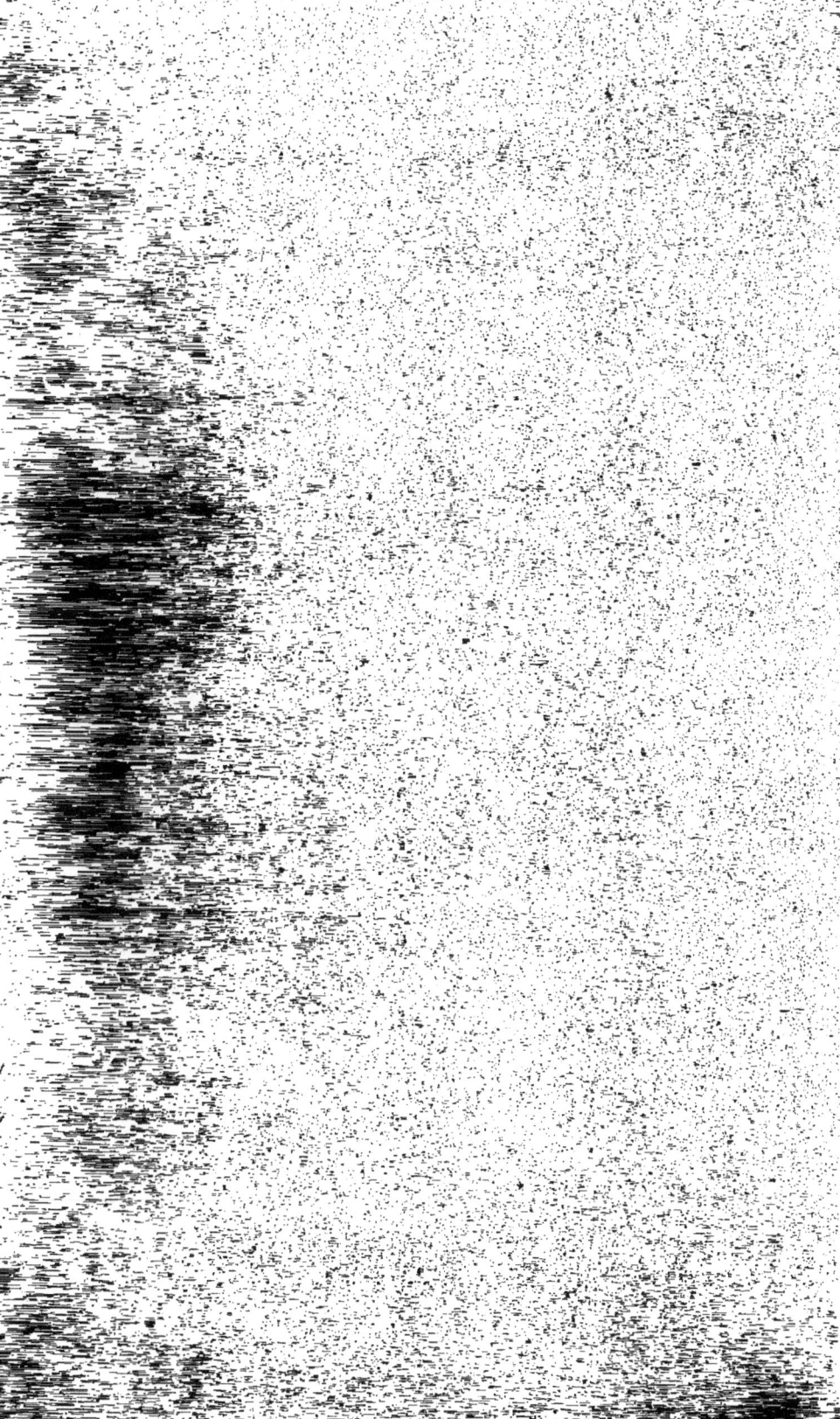

www.ingramcontent.com/pod-product-compliance
Lightning Source LLC
Chambersburg PA
CBHW071431060426

42450CB00009BA/2126